LETTRE

AUX BATONNIERS

DE

L'ORDRE DES AVOCATS

HISTOIRE

DE LA

RÉUNION DE LA LORRAINE

A LA FRANCE

AVEC NOTES, PIÈCES JUSTIFICATIVES ET DOCUMENTS INÉDITS

2e édition, 4 vol. grand in-18

HISTOIRE

DE LA

POLITIQUE EXTÉRIEURE

DU GOUVERNEMENT FRANÇAIS

1830-1848

AVEC NOTES, PIÈCES JUSTIFICATIVES, DOCUMENTS, ETC.

2e édition, 2 vol. grand in-18

LETTRE

AUX

CONSEILS GÉNÉRAUX

Brochure grand in-18

LETTRE

AUX BATONNIERS

DE

L'ORDRE DES AVOCATS

PAR

M. LE COMTE D'HAUSSONVILLE

PARIS

MICHEL LÉVY FRÈRES, LIBRAIRES-ÉDITEURS

RUE VIVIENNE, 2 BIS

1860

Paris. — Imp. de Dubuisson et Ce, r. Coq-Héron, 5.

LETTRE

AUX BATONNIERS

DE

L'ORDRE DES AVOCATS

Laboremus.

Messieurs,

En politique, comme en toutes choses, les bonnes intentions ne suffisent pas et les sentiments honnêtes servent peu. Il faut agir. Mais dans l'action, il est facile de se tromper, et les erreurs sont fâcheuses. C'est pourquoi, avant de passer à l'action, je voudrais solliciter, sur quelques questions de légalité pratique, l'avis des membres de l'ordre des avocats. Je ne soulève pas ces questions à plaisir ; elles sont nées des circonstances que voici :

Je me suis, il y a trois mois, adressé publiquement

aux Conseils généraux. Mon but était double : j'espérais engager les délégués officiels de nos départements à réclamer du chef de l'Etat certains changements qu'il a bien voulu promettre dans la Constitution; je voulais aussi, à mes risques et périls, m'assurer du degré de liberté qui, sous le régime actuel de la presse, était laissé à la discussion modérée des actes du pouvoir. J'ai, en partie, échoué et, en partie, réussi. Pour mon compte, en ce qui me regarde personnellement, j'ai réussi, non pas à exprimer, tant s'en faut, toutes mes opinions sur toutes choses et sur toutes personnes (cela n'était guère nécessaire); mais, ce qui m'importait davantage, à parler, moyennant beaucoup de réserve, il est vrai, et avec d'infinies précautions, selon ma conscience, toutefois, et d'après l'idée que je m'en suis faite, des intérêts de notre pays au dehors. Mes objections nombreuses, détaillées et précises contre la guerre d'Italie et contre certaines clauses du traité de Villafranca n'ont point attiré de rigueur sur le COURRIER DU DIMANCHE. Son gérant n'a été ni poursuivi ni même averti. Je sais même qu'aux yeux de plusieurs personnes placées près du pouvoir, le ton de mes critiques, quoiqu'on les trouvât mal fondées, a été jugé au surplus digne et convenable. A ne songer qu'à moi, voilà qui serait assez satisfaisant; car si la liberté de langage dont j'ai usé n'a point dépassé ce qui convenait à l'administration, elle m'a suffi pour rendre sincèrement ma pensée.

Mais, la belle avance et le grand profit pour la cause libérale, quand j'aurais, seul en France, le privilége de pouvoir ainsi discourir, à mon gré, des affaires de l'Etat !

Les priviléges ne sout pas de mon goût, et je n'ai, hélas,
ni le talent ni l'autorité qui rendraient fructueux entre
mes mains un pareil monopole. Je n'avais point, d'ailleurs, fait appel à la tolérance du gouvernement. S'il est
glorieux et méritoire d'être tolérant, il est mal commode
de n'être que toléré. J'avais donc osé revendiquer ce que
je crois être mon droit ; non pas, à Dieu ne plaise, aucun
droit absolu ni agressif — l'arrogance eût été malséante,
— mais le droit fort restreint et tout modeste qui, na-
guères, appartenait sans contestation à chaque Français
de publier ses opinions, en se conformant, si sévères
qu'elles puissent être, aux lois existantes ; et, ce droit
ainsi limité, j'avais souhaité le placer, pour plus de sû-
reté, sous la protection de nos conseils généraux. C'est
là, il faut l'avouer, où j'ai complétement échoué.

Les conseils généraux ne se sont pas souciés de répondre à mon appel.

Loin de moi la pensée de leur en vouloir. L'expérience, seul profit que j'aie tiré de la vie politique, m'a
rendu calme, sinon encore tout à fait insouciant, et voici
longtemps qu'à l'endroit de ceux qui ne partagent pas
mes opinions, je n'ai plus ni mépris, ni colère, ni même
de mauvaise humeur. L'institution des conseils généraux
est d'ailleurs placée très haut dans mon estime. Les membres de ces conseils sont, en général, recrutés au sein de
la portion la plus indépendante, la plus considérée et la
plus justement influente de notre population. Ils ont
déjà rendu d'utiles services au pays, et le pays a raison

d'en attendre de plus grands encore dans l'avenir. Leur institution est multiple autant que féconde. En moyenne, les conseils de nos départements n'expriment pas moins de mille à quinze cents vœux par année ; ces vœux, comme il est naturel, embrassent toutes sortes de sujets. Tandis que les questions les plus élevées ne leur ont jamais, avec raison, semblé au-dessus de leur portée, ils ont, avec la même sagesse, jugé les plus minimes dignes de leur louable attention. Ouvrez le recueil officiel de leurs vœux, publié chaque année par l'administration, vous les verrez, toujours actifs, mais tournant cette activité vers des objets d'inégale importance, s'occuper tour à tour, suivant les temps, de la révision de la constitution, de l'embrigadement des gardes champêtres, de l'engrais Lainé et de la destruction des animaux malfaisants (1). Patience donc ! la question de la liberté de la presse aura son heure. Le silence actuel des conseils généraux ne prouve pas leur indifférence. Un de mes amis, homme pratique et de bonne foi, me rendait, je crois, exactement l'impression de ses collègues, lorsque, sortant de son conseil général, il me disait : « Les idées émises dans votre lettre, loin de nous déplaire, nous agréent assez. Nous demanderions bien tout cela au gouvernement si nous étions sûrs qu'il voulût l'accorder. »

En effet, le bruit courait que le régime de la presse allait peut-être recevoir quelques modifications. La bonne nouvelle était notoirement propagée par les feuilles dé—

(1) Voir l'analyse des vœux des conseils généraux de départements. sur divers objets d'administration et d'utilité publique.

vouées au pouvoir, et c'étaient incontestablement les amis de l'administration qui paraissaient s'y attendre le plus. A vrai dire, cette perspective, qui plaisait à quelques esprits, laissait le mien assez froid. L'idée que les journaux pourraient être un beau matin, sous forme de gracieuse initiative et par la voie spontanée du *motu proprio*, relevés des entraves qui pèsent sur eux, ne me souriait nullement. Quelle source de méprises à l'avenir, quelle confusion irréparable dans les idées de justice et d'équité, quel manque absolu de sécurité, si la liberté de la presse nous eût été rendue par un simple décret, révocable lui-même par le décret du lendemain !

Mais *le Moniteur* a parlé; il a parlé pour dire que l'administration entendait ne rien changer à l'état des choses, ni par voie de décret, ni par mesure législative. Il nous a signifié qu'il fallait prendre notre parti de rester enfermés dans le cercle précédemment tracé autour de nous. La sentence est dure; l'espace est étroit, les barrières bien près placées, soit ! Respectons la sentence, mais étudions le terrain qui nous est laissé. Quand nous l'aurons bien étudié, s'il est démontré qu'il est tout à fait impossible de s'y mouvoir, nous nous adresserons aux hommes de loi, plus experts que nous en ces matières, et nous leur demanderons s'il n'y aurait pas quelques moyens *légaux* de faire *légalement* reculer un peu les barrières.

Tel est le but de cet écrit.

Voici comment s'est exprimé *le Moniteur* du 17 septembre dernier :

« Plusieurs journaux ont annoncé la prochaine publication d'un décret modifiant la législation de 1852 sur la presse.

» Cette nouvelle est complétement inexacte.

» La presse, en France, est libre de discuter tous les actes du gouvernement et d'éclairer ainsi l'opinion publique. Certains journaux se faisant, à leur insu, les organes des partis hostiles, réclament une plus grande liberté, qui n'aurait d'autre but que de leur faciliter les attaques contre la Constitution et les lois fondamentales de l'ordre social.

» Le gouvernement de l'Empereur ne se départira pas d'un système qui, laissant un champ assez vaste à l'esprit de discussion, de controverse et d'analyse, prévient les effets désastreux du mensonge, de la calomnie et de l'erreur. »

Reprenons en détail les termes de cette déclaration, et voyons ce qu'elle contient. Trois choses en ressortent évidemment. M. le duc de Padoue, ministre de l'intérieur, à la date du 17 septembre dernier, affirme qu'il n'était pas question, au 17 septembre dernier, de modifier par la publication d'un décret nouveau la législation de 1852. En vérité, nous nous en doutions bien ; nous n'avons jamais été de ceux qui ont cru au nouveau décret, nous sommes encore moins de ceux qui voudraient voir changer, *par décret*, la législation sur la presse. Cette première partie de la déclaration n'est donc pas à notre adresse. Ce qui suit regarde, au contraire, tout le monde, et nous intéresse plus que personne. Décidé à ne pas accorder « une liberté plus grande, qui n'aurait d'autre but que de faciliter les attaques contre la Constitution et les lois fondamentales de l'ordre social, » le gouvernement explique quelle est cette liberté moins grande à coup sûr, mais suffisante à son sens, qu'il entend nous laisser, et à quelles conditions il nous permettra d'en user. C'est ici qu'il faut être attentif, tendre les oreilles et ne pas se tromper sur la valeur des mots et sur la portée des expressions.

Hâtons-nous de le reconnaître, dès qu'il ne s'agit que d'une liberté de tolérance et non d'une liberté de droit, il est difficile de se montrer plus large que le gouvernement ne paraît vouloir l'être, à ne considérer tout au moins que la première partie de sa déclaration. « *La presse, en France*, dit LE MONITEUR, *est libre de discuter tous les actes du gouvernement et d'éclairer ainsi l'opinion publique... et le gouvernement entend laisser un vaste champ à l'esprit de discussion, de controverse et d'analyse.* » Rien de plus clair, on pourrait même dire de plus engageant, pour les écrivains. Viennent ensuite les con-

ditions de la tolérance qui leur est accordée. Reprenons-
les une à une : il faut qu'ils évitent les attaques contre la
Constitution ; quoi de plus simple ! Il dépend d'eux, en
effet, d'étudier la Constitution. Les attaques contre les
lois fondamentales de l'ordre social leur sont aussi inter-
dites. Quoi de plus juste ! Le maintien des lois de la société n'intéresse-t-il pas tout le monde ? Il faut enfin
qu'ils ne mentent pas et qu'ils ne calomnient pas. Quoi
de plus conforme à la morale ! Respecter la Constitution
et les bases de la société, ne pas calomnier, ne pas mentir,
en vérité, cela va de soi ; nous sommes en plein.droit
commun. S'il n'y avait autre chose, d'où viendraient les
plaintes des écrivains, et pourquoi l'autorité administrative tiendrait-elle à intervenir dans la répression des
délits de la presse ? Est-ce par hasard que les écrivains
réclament la faculté d'attaquer la Constitution et les bases
fondamentales de la société ? Élèvent-ils donc la préten-
tion de pouvoir mentir à leur.aise et calomnier selon leur
bon plaisir ? Nullement. Quelle folie ce serait de leur part,
et qu'ils sont loin d'une pareille arrogance ! Est-ce que
l'administration se défie des tribunaux ? A aucun degré.
Suppose-t-elle nos magistrats peu soucieux de punir les
attaques contre la Constitution, incapables de protéger la
société, ou trop indulgents pour la calomnie et le mensonge ? Combien cette méfiance serait injuste, et quelle
n'est pas, au contraire, la confiance de l'administration
dans le zèle de la magistrature ! Mais, par malheur, il y
a deux mots de plus dans la note officielle du 17 septembre, deux mots uniquement, et ces deux mots sont, à eux
seuls, cause de tout l'embarras. Pour qu'ils puissent user
de la liberté qui leur est accordée de *discuter les actes
du pouvoir*, il ne suffit pas que les écrivains respectent

la Constitution et les lois fondamentales de l'ordre social ; il ne suffit pas qu'ils s'abstiennent du mensonge et de la calomnie ; il faut aussi qu'ils se préservent de l'*erreur*. Il ne faut pas qu'ils se rendent, à leur insu, *les organes des partis hostiles*. On comprend maintenant la terreur des écrivains. Pauvres gens, ils ne sont pas sûrs, hélas ! de ne pas se tromper. Quant à l'administration, assurée au contraire d'avoir toujours raison, on s'explique pourquoi elle veut décider, toute seule, quand ses contradicteurs se trompent, et quels sont ceux qui lui sont aussi hostiles.

Découvrir à coup sûr, chaque jour et en toute occasion, les moindres erreurs où peut tomber quiconque se mêle d'écrire dans tous les journaux français sur la multitude innombrable de nos affaires courantes, soit du dedans, soit du dehors ; discerner infailliblement, à première vue, parmi tant de gens qui ne partagent pas ses opinions, ceux qui lui sont hostiles, telle est la tâche journalière que s'est, de gaîté de cœur, imposée le gouvernement. Il est vraiment naturel que, pour la bien remplir, on ait songé, à créer tout exprès un personnel nombreux et choisi. Je comprends qu'on ait voulu mettre à la tête d'un service si délicat un fonctionnaire considérable, versé par ses antécédents dans les matières de presse, et secondé lui-même par quelques hommes experts dans la profession. Est-il bien sûr, toutefois, quelles que soient la capacité et les bonnes intentions de ce haut fonctionnaire, et sans mettre en doute l'aptitude et le zèle de ses assistants, est-il bien sûr, dis-je, qu'ils soient maîtres de se tirer toujours à leur honneur de tant et de si grandes difficultés ?

N'oubliez pas qu'il s'agit d'écrivains mis aux prises avec d'autres écrivains. Personne n'ignore, en effet, qu'aux grands jours, quand l'occasion le requiert, le conseiller d'État, placé à la tête de ce service, entre lui-même en lice, avec toute l'autorité de son talent et de sa situation. Dieu me préserve, moi qui ai le goût des libres discussions, de trouver mauvais que les personnes honorées de la confiance de l'Empereur défendent la politique qu'elles pratiquent. Avocat bénévole d'un régime déchu si souvent et si vivement attaqué, j'aurais mauvaise grâce à penser que les causes triomphantes ne puissent aussi rencontrer des avocats également convaincus et non moins désintéressés. Mais plus les convictions des défenseurs du pouvoir seront ardentes et profondes, plus il est à craindre qu'ils ne soient portés à découvrir facilement des erreurs dans des opinions qui ne sont pas les leurs. C'est justement parce que je suis persuadé de leur sincérité que je demande la permission de mettre tant soit peu en doute leur impartialité. Il ne fait jamais bon être juge et partie dans sa propre cause. Cela n'est séant ni pour les plus sages des hommes ni pour les meilleurs des gouvernements. Si j'ai argumenté contre Socrate, il n'appartient pas à Socrate de prononcer que je me suis trompé. Convient-il de me conduire devant le tribunal de César, si j'ai contredit les amis de César ou César lui-même ?

Mais laissons ce qui regarde les personnes, et pénétrons un peu plus avant dans le fond même des choses. De quoi s'agit-il ? Ni de crimes, ni de délits, ni de calomnies, ni de mensonges. Le Code pénal n'a rien à voir ici, et la morale n'est pas en jeu. C'est uniquement l'erreur, l'erreur pure et simple, qu'on se propose d'atteindre et de punir ; c'est la vérité dont on veut assurer la victoire, en la plaçant immaculée et rayonnante au-dessus de toute atteinte et de toute discussion. Je serais désolé qu'on me prît pour un sceptique, je ne le suis à aucun degré ; j'oserai cependant demander s'il est bien sûr qu'il y ait, en politique, abstraitement parlant, telles choses que la vérité ou l'erreur absolue. Certaines maximes générales prévalent, sans doute, pendant un temps considérable, et les générations qui les trouvent tout établies, qui les transmettent à leurs enfants après les avoir reçues de leurs pères, sont, à la longue, portées à les considérer comme des axiomes. Mais, revêtues par le respect universel d'un caractère plus imposant, ces maximes ne deviennent elles-mêmes, à cause de cela, ni sacrées ni obligatoires.

Quant aux mille questions qu'agite la controverse quotidienne, et qui naissent, au jour le jour, de la pratique détaillée des affaires et de l'étude minutieuse de nos intérêts, particulièrement de nos intérêts au dehors, objet principal de mes études, c'est là où je défie les plus clairvoyants et les plus habiles de marquer la limite précise entre la vérité et l'erreur. Sur cette scène éphémère et changeante, tout se renouvelle forcément du jour au lendemain, la face même des choses aussi bien que la perspective du juge ! Prenons des exemples et prenons-les récents.

Préconiser l'alliance russe, n'aurait-ce pas été, aux

yeux de l'administration, une grave erreur, il y a quatre ans ? Sur le fond de la question, je n'exprime aucun avis : car, malgré ce qu'on peut dire contre la guerre de 1855, elle a eu, du moins, ce bon effet, selon moi, qu'elle a mis fin à la coalition formée en Europe contre notre pays. Je me borne à constater comment, en politique, les points de vue se transforment à peu près complétement au bout de quatre années ? Que dis-je, quatre années ! quatre mois y suffisent souvent, et parfois quelques semaines. Voyez ce qui s'est passé au sujet de notre dernière campagne en Italie. Qu'il eût été imprudent, l'écrivain qui, aux premiers jours du printemps, aurait parlé de la lutte imminente contre l'Autriche avec le sentiment d'une trop vive inquiétude ! Quelle prise n'eût pas donnée contre lui le téméraire qui aurait indiqué la guerre sur le Rhin comme la conséquence probable d'une expédition de l'autre côté des Alpes ! Mentionner les places qui défendent le passage du Mincio, comme capables d'arrêter l'élan de nos vaillantes troupes et de leurs chefs, n'eût-ce pas été se donner, au printemps dernier, les torts d'une défaillance intéressée (1) ? A prêter quelque valeur aux droits de la maison de Hapsbourg sur la Vénétie, du grand-duc Léopold sur les Toscans, de la sœur de M. le comte de Chambord sur ses sujets de Parme et de Plaisance, n'aurait-on pas couru grand risque d'être accusé de « pactiser avec les ennemis ? » (2) Mais l'été venu et toutes choses bien considérées, il s'est trouvé que les places du Mincio, vues de près, étaient décidément « des forteresses inexpugna-

(1) *Moniteur* du 7 février 1859.
(2) *Moniteur* du 7 février 1859.

bles (1) ; » que, pour avoir raison de l'Autriche, il fallait, en effet, « accepter la lutte sur le Rhin comme sur l'A-dige (2). » Examinés sommairement dans le tête-à-tête de Villafranca, puis contrepesés de nouveau dans la conférence diplomatique de Zurich, les titres des princes italiens à la possession de leurs petits Etats ont semblé tout à coup d'assez bon aloi. Somme toute, il a été reconnu que, pour soutenir un trop superbe programme, il ne convenait pas « de risquer ce qu'il n'est permis à un souverain de mettre en jeu que pour l'indépendance du pays (3). »

Encore une fois, je n'émets pas d'opinion, je ne fais pas de controverse ; je me borne à demander où est la vérité, où est l'erreur. Quoi ! sérieusement, erreur en juin, vérité en juillet ! Quoi ! tout de bon, erreur la veille, vérité le lendemain de la paix de Villafranca, et voilà les maximes qu'il nous faut suivre ? voilà la règle sous laquelle il faut courber la tête ? Soyons sincères, voyons et disons les choses comme elles sont. La vérité ne consisterait-elle point, par hasard, à parler toujours comme le pouvoir et l'erreur, à parler autrement que le pouvoir, ou même seulement (tort aussi grave), à parler aujourd'hui comme peut-être il parlera demain ? Ah ! je comprends maintenant pourquoi, tant que le gouvernement n'émet d'opinion, et à propos des questions sur lesquelles il ne lui plaît pas d'en émettre, les journaux sont pour

(1) *Moniteur* du 20 juillet 1859.
(2) *Moniteur* du 20 juillet 1859.
(3) *Moniteur* du 20 juillet 1859.

préserver de toute erreur, courtoisement invités à ne rien
dire. Ne rien dire, c'est effectivement la manière la plus
sûre de ne pas se tromper. Mais alors, me reportant à la
première partie de la note du *Moniteur*, et fort de la netteté de ses termes, j'oserai me récrier, et demander hautement, au nom de la bonne foi et du bon sens, ce que
signifie cette déclaration solennelle : « La presse, en
France, est libre de discuter tous les actes du gouvernement, et d'éclairer ainsi l'opinion publique (1). » A-t-on
espéré nous payer d'illusions ? Je ne crois pas. Supposer
qu'on a voulu nous tendre un piége, je repousse cette
idée.

Ainsi donc, plus je cherche la pensée du gouvernement, plus elle m'échappe. Poursuivons cependant;
peut-être serons-nous mis sur la voie par les quelques
mots de la note du 17 septembre, qui nous restent encore
à approfondir. Le *Moniteur* du 17 septembre parle avec
une mauvaise humeur assez évidente des partis qui sont
hostiles au gouvernement. Faut-il en conclure que, pour
être admis à discuter les actes du gouvernement, la condition, à ses yeux, c'est de lui être dévoué, tout au moins
bienveillant, en tout cas point hostile? Ce serait de sa part
une disposition fort naturelle, mais plus naturelle que
raisonnable. J'ai, dans la vie privée, entendu plus d'une
personne assurer de bonne foi qu'elle était toujours charmée d'entendre ses vérités, quand elles lui étaient dites
par ses amis, et qu'elles ne lui déplaisaient que dans la
bouche de ses adversaires. Mais j'ai toujours soupçonné

(1) *Moniteur* du 17 septembre 1859.

ces personnes d'avoir, à leur insu, assez peu de goût pour la vérité. N'accepter pas la censure de ses ennemis, c'est n'en accepter aucune et ne vouloir que des compliments. Après tout, le gouvernement est libre de se méfier de l'opinion de ceux qu'il s'imagine lui être hostiles. Est-il bien sûr, cependant, qu'il n'en soit pas des amis et des ennemis en politique, comme de la vérité et de l'erreur? Amis aujourd'hui, ennemis demain, comment s'y reconnaître? Les hommes d'affaires, si portés pour le gouvernement avant l'expédition d'Italie, sont-ils, pour quelques *défaillances momentanées*, devenus des ennemis? Assurément, non. Les évêques, qui priaient naguère avec tant de ferveur pour le succès de nos armes, sont-ils maintenant hostiles parce qu'ils protestent avec tant de véhémence d'expressions contre quelques-uns des effets (inattendus pour eux) des grands coups portés à Magenta et à Solferino? Personne ne voudra le croire.

Une objection se produit que, d'ici, j'entends à demi-mot : il y a des hostilités si notoires, dira-t-on, qu'elles ôtent presque le droit de blâmer, ou qu'elles nuisent au moins beaucoup à la valeur des critiques. On le voit, je ne dissimule rien ; je tâche de répondre à tout, et ma réponse sera encore un exemple, car il n'y a telle chose, pour éclaircir les situations, qu'un exemple bien choisi. Quand l'Empereur, alors le prince Louis-Napoléon, était enfermé à Ham, il était, certes, animé, à l'égard du gouvernement du roi Louis-Philippe, de sentiments fort hostiles. Cependant, il écrivait dans sa prison, sous le régime de ces lois de septembre que les feuilles qui approuvent la législation actuelle sur la presse dénoncent comme un code draconien, il écrivait, dis-je, dans le journal le *Progrès du Pas-de-Calais*, des articles où il critiquait, souvent avec beaucoup de justesse (il faut en convenir) certains actes de ceux qui gouvernaient alors. Dans ces écrits, tantôt le Prince prenait fait et cause pour la liberté individuelle, telle qu'elle est connue et pratiquée en Angleterre (1); tantôt il s'élevait avec esprit contre la création de nouveaux titres honorifiques (2). Devenu, plus tard, président de la République, et visitant le lieu où il avait passé six années d'une pénible détention, l'ancien prisonnier de Ham n'hésita point, avec une modestie qui toucha beaucoup la plupart de ses auditeurs, à blâmer les attaques à main armée que jadis « il avait, » disait-il, « diri-

(1) ... En Angleterre, l'autorité n'est jamais passionnée, ses allures sont modérées et toujours légales; aussi n'y connaît-on pas les violations du domicile d'un citoyen, auxquelles on est si sujet en France, sous le nom de visites domiciliaires : on respecte le secret des familles en laissant intactes les correspondances; on ne gêne en rien la première de toutes les libertés, celle d'aller où bon vous semble; car on n'exige de personne ses passeports, invention oppressive du Comité de salut public, et qui sont un embarras et un obstacle pour les citoyens paisibles, sans arrêter en aucune façon ceux qui veulent tromper la vigilance de l'autorité..... (*OEuvres de Napoléon III*, imprimées en 1856, tome I, p. 417; Amyot.)

(2) ... Combien de temps les hommes courront-ils après le reflet d'une chose qui a disparu!... En fait de politique, nous ne comprenons que les systèmes clairs et nets..... Mais faire à la sourdine quelques petits ducs, quelques petits comtes qui seront sans autorité et sans privilége, c'est froisser sans but et sans résultat les sentiments démocratiques de la majorité des Français, c'est condamner des vieillards à jouer à-la poupée. (*Progrès du Pas-de-Calais*, 23 décembre 1844. Réimprimé dans les *OEuvres de Napoléon III*, tome II, p. 55.)

gées contre les lois de sa patrie et contre un gouvernement régulier (1). » Mais, si grand que fût son repentir,
il ne s'étendit pas jusqu'à s'accuser alors d'avoir, dans
ces mêmes murs, où sa personne était captive, gardé l'indépendance de sa pensée ; il ne témoigna nul remords
d'avoir, quoique hostile, usé du droit commun en criti-
quant les actes du pouvoir établi, et donné ainsi libre
cours, pendant la durée même de l'expiation, à ses libres
opinions. L'Empereur avait raison dans son discours de
Ham. Profitons de son enseignement. Il a posé la vraie
règle de conduite, suivons sa règle. Non, il ne faut pas assumer sur soi « la terrible responsabilité des révolutions. »
Mais il n'est pas interdit, il est utile, il est honorable, si
contraires que semblent les signes du temps, de propager,
même sous les verrous, les idées dans lesquelles on a foi.
L'exemple est bon, retenons-le. Prisonniers volontaires
dans l'enceinte des lois existantes, maintenons notre esprit en confiance et gardons la sérénité de nos cœurs. Con-
servons précieusement nos croyances ; confessons-les avec

(1) ... Aujourd'hui, qu'élu par la France entière, je suis devenu le
chef légitime de cette grande nation, je ne saurais me glorifier d'une
captivité qui avait pour cause l'attaque contre un gouvernement
régulier. Quand on a vu combien les révolutions les plus justes
entraînent de maux après elles, on comprend à peine l'audace d'avoir
voulu assumer sur soi la terrible responsabilité d'un changement. Je
ne me plains donc pas d'avoir expié ici, par un emprisonnement de
six années, ma témérité contre les lois de ma patrie, et c'est avec
bonheur que, dans les lieux mêmes où j'ai souffert, je vous propose
un toast en l'honneur des hommes qui sont déterminés, malgré leurs
convictions, à respecter les institutions de leur pays. (*Discours du
président de la République, à Ham*, 29 juillet 1849. Œuvres de
Napoléon III, tome III, p. 89.)

calme, mais à haute voix, car les paroles courageuses et sensées s'envolent par-dessus toutes les barrières et s'en vont tomber au loin. Le devoir est clair, la route est tracée : qui nous retient ? Ah ! si pour donner autorité à nos paroles, il fallait user de ruse et de déguisements, je comprendrais l'hésitation. Il est une concession que les âmes fières ne doivent faire en aucun temps. Il est un sacrifice que la prétendue nécessité des situations ne doit jamais arracher aux honnêtes gens, ce serait de parler autrement qu'ils ne pensent.

Dieu soit loué ! je me sens, sous ce rapport, parfaitement à mon aise, car je suis de ceux qui professent que mon pays, dûment consulté, est libre de se donner le gouvernement qui lui plaît, et qu'il n'est nullement tenu de choisir celui qui me convient le plus. Je suis de ceux qui ne reconnaissent à aucune dynastie, si honorable soit-elle, ni à aucune forme particulière d'institutions politiques, si excellente qu'elle me paraisse, une sorte de droit supérieur et primordial de s'imposer à la France, si la France n'en veut pas. Mais je suis aussi persuadé que la France, quand elle dispose ainsi d'elle-même, n'épuise pas tout son droit dans l'heure même où elle en use, et qu'elle conserve toujours, en tout temps et sans prescription possible, celui d'être bien gouvernée. Il est obligatoire pour les plus éminents comme pour les moindres citoyens, de retenir scrupuleusement dans la vie publique tous les pouvoirs dont ils n'ont pas été positivement dépouillés, et de se servir modérément, discrètement si l'on veut, mais enfin de se servir, si petite soit-elle, de la part de contrôle et d'action qui leur est laissée. Telle est la besogne qu'avec scrupule et labeur je remplis en ce moment, lorsqu'à la sueur de mon front je m'applique, sans beaucoup y réussir, par ma faute peut-être, mais par suite aussi des difficultés qui encombrent ma voie, à démêler quelles sont, en matière de discussion politique, les limites de ce qui est permis et de ce qui est défendu. C'est un devoir de cette nature que je tiendrais à grand honneur de pouvoir accomplir, quand, ayant tenté toutes les issues, je m'efforcerai tout-à-l'heure, si je les trouve toutes formées, de découvrir, avec l'aide des hommes de loi à qui cette lettre est adressée, par quelle voie régulière et normale il serait possible de trouver jour à nous tirer enfin du dédale où nous errons.

Ce n'est pas, à coup sûr, la circulaire ministérielle adressée aux préfets de nos départements, à la date du 18 septembre dernier, qui nous aidera à en sortir. Bien loin d'être propre à calmer les perplexités qu'avait fait naître la note insérée la veille au *Moniteur*, cette circulaire semble plutôt de nature à les augmenter. Dans ses instructions à ses agents, M. le duc de Padoue se borne à répéter, en les accentuant plus fortement, les assertions précédemment émises. Plus que jamais le ministre affirme que « la presse est libre aujourd'hui, » que sous le régime actuel « les journaux peuvent tout discuter, » et plus que jamais il maintient le droit, pour le gouvernement, de disposer administrativement du sort des journaux. Comment ces deux doctrines peuvent-elles aller de pair et de quelle façon elles se concilient dans la pratique, il n'en est pas dit un seul mot.

Écoutez le ministre : c'est avec une sorte d'émotion indignée qu'il débute par repousser l'idée étrange que le pouvoir ne se soucie peut-être pas beaucoup que l'on critique ses actes : « ... Le gouvernement de l'Empereur ne redoute pas la discussion loyale de ses actes ; il est assez fort pour ne craindre aucune attaque. Sa base est trop large, sa politique trop nationale, son administration trop pure, pour que le mensonge et la calomnie lui enlèvent quelque chose de sa puissance morale...

» Le droit d'exposer et de publier ses opinions, qui appartient à tous les Français, est une conquête de 1789, qui ne saurait être ravie à un peuple aussi éclairé que la France.

» Ainsi donc, le gouvernement, loin d'imposer l'approbation servile de ses actes, tolérera toujours les contradictions sérieuses... Le gouvernement ne demande pas mieux que de voir son autorité éclairée par la discussion... »

A parcourir ces lignes, on a vraiment peine à comprendre par quels motifs un gouvernement si fort, dont la base est si large, dont la politique est si nationale, dont l'administration est si pure, ne peut pas absolument s'en remettre aux tribunaux du soin de réprimer les crimes et les délits de la presse. La surprise redouble quand on lit cette autre déclaration :

« C'est parce que le gouvernement a la volonté et le

devoir de ne pas laisser affaiblir en ses mains le principe
de son autorité, qu'il peut n'apporter à la liberté de discussion que les restrictions commandées par le respect de
la Constitution, par la légitimité de la dynastie impériale,
par l'intérêt de l'ordre, la morale et la religion. »

Quoi ! on ne saurait avoir confiance dans nos magistrats pour faire observer le respect dû à la Constitution?
Quoi ! on ne saurait s'en rapporter à eux pour maintenir
au-dessus de toute attaque la légitimité de la dynastie
impériale? Quoi ! enfin, ils seraient incapables de protéger suffisamment, à eux seuls, l'ordre, la morale publique et la religion? Non ! que nos magistrats ne s'en
émeuvent point; telle n'est pas la pensée du gouvernement; il a dans leurs lumières et dans leur dévouement
toute la confiance qu'ils méritent. Mais, continue la circulaire :

« Les journaux sont des forces collectives organisées
dans l'Etat, et sous tous les régimes ils ont été soumis à
des règles particulières. L'Etat a donc des droits et des
devoirs de précaution et de surveillance exceptionnelle
sur les journaux, et quand il se réserve de réprimer directement leurs excès par la voie administrative, il n'en-
trave pas la liberté de la pensée, il exerce seulement un
mode de protection de l'intérêt social. »

Réprimer directement par la voie administrative les

« excès de la presse, » qui ne tombent sous le coup d'aucun article de loi, qui ne sont en eux-mêmes ni des attaques au respect de la Constitution, ni des attaques contre la légitimité de la dynastie impériale, ni la violation des intérêts de l'ordre, de la religion et de la morale publique (tous ces délits sont évidemment du ressort des tribunaux), voilà, d'après ses propres termes, le droit que se réserve M. le ministre de l'intérieur par sa circulaire du 18 septembre. De « ces excès, » lui seul il sera juge. Soit. Mais, de grâce alors, que M. le duc de Padoue ne dise pas : « Que la liberté de la pensée des écrivains n'en est pas gênée, que la discussion des actes du pouvoir leur reste permise, » et surtout qu'il n'ajoute point, toujours dans la même circulaire, que ces armes dont il entend se servir à sa volonté, sont pour la liberté « des garanties et non pas des entraves. »

Hélas ! excepté sa modération, sur laquelle il nous assure que nous devons compter, il est difficile de découvrir des garanties réelles dans la circulaire de M. le duc de Padoue. Aujourd'hui M. le duc de Padoue n'est plus ministre, mais sa circulaire demeure, et c'est avec le sentiment d'une véritable tristesse qu'il nous faut maintenant signaler la plus grave des assertions contenues dans le document qui a clos sa carrière ministérielle. Jusqu'à la date du 18 septembre, le public s'était plu à croire, et dans ces derniers temps en particulier, les amis du gouvernement donnaient à entendre que la législation sur la presse serait changée. Quelques esprits fâcheux semblaient seuls en douter beaucoup. Dieu me garde de dénoncer personne ! Pour être vrai, il faut pourtant avouer que l'incrédulité était grande, surtout parmi ceux que le ministre accuse, à tort selon moi, dans sa circulaire, de passions hostiles, d'opposition systématique, de malveillance calculée. Voyez le malheur ! c'est à ceux qu'il qualifie d'ennemis déguisés, ce n'est pas à ses partisans avoués que le ministre donne raison, lorsque, dans cette même circulaire déjà citée, il s'écrie :

« Le décret du 17 février 1852 n'est point, comme on l'a dit trop souvent, une loi de circonstance, née d'une crise de la société, et qui ne saurait convenir à des temps réguliers. Sans doute, comme toutes les lois politiques, celle-ci est susceptible des améliorations dont l'expérience aurait démontré l'utilité ; mais les principes sur lesquels repose le décret de 1852 sont intimement liés à la restauration de l'autorité en France et à la constitution de l'unité du pouvoir sur la base du suffrage universel. »

L'importance de ces dernières paroles ne saurait échapper à personne. Certes, il n'y a que M. le ministre de l'intérieur qui ait pu, en France, les prononcer sans danger. Sous l'empire des lois qui régissent la presse, quel autre que lui aurait établi cette solidarité, entre les principes sur lesquels reposent le décret de 1852 et la constitution du pouvoir actuel sur la base du suffrage universel ? Dans quelle feuille autre que le *Moniteur* aurait-on écrit qu'en France la restauration de l'autorité pourrait être compromise du jour où la connaissance des délits de presse étant remise aux tribunaux, l'administration cesserait d'être elle-même juge et partie dans sa propre cause ? J'adhérerai, puisqu'il le faut, avec respect, sinon avec conviction, à cette thèse ; mais qu'il me soit, toutefois, permis de penser que l'imagination de M. le duc de Padoue a été trop émue des dangers qu'une modification du régime actuel de la presse pourrait faire courir au gouvernement qu'il avait l'honneur de servir. Le prédécesseur de M. Billault a été, heureusement pour lui, étranger toute sa vie aux luttes de la tribune et à la polémique des journaux. S'il y avait pris la part brillante et animée qui a fait la principale réputation du ministre qui le remplace aujourd'hui, nous doutons qu'il se fût si fort effrayé de la discussion qui naguère s'était élevée dans les journaux à propos du décret du 17 février 1852.

M. le duc de Padoue a mis fin à tout débat par la déclaration suivante :

« Sous prétexte de prouver que la presse n'est pas libre, plusieurs journaux dirigent contre le décret du 17 février 1852 des attaques qui dépassent les limites les plus extrêmes du droit de discussion.

» Le respect de la loi est inséparable de l'exercice de la liberté légale.

» Contre les écrivains qui l'oublient, le gouvernement aurait pu se servir des armes qu'il a dans les mains ; il ne l'a pas voulu au lendemain de la mesure toute spon-

tanée qui a relevé la presse périodique des avertissements
dont elle avait été frappée.

» Le gouvernement, fidèle à ses principes de modération, ne saurait manquer non plus au devoir qui lui est
imposé de faire respecter la loi.

» Il prévient donc loyalement les journaux qu'il est
décidé à ne pas tolérer plus longtemps des excès de polémique qui ne peuvent être considérés que comme des
manœuvres de partis. »

Revenons un peu sur nos pas, afin de constater d'une
façon précise les résultats de notre rapide, mais conscien-
cieuse enquête. Hélas ! rien n'est plus clair, et rien n'est
moins satisfaisant. Il existe un grave dissentiment entre
l'administration et une portion notable du public, repré-
sentée surtout par les auteurs, par les journalistes, par
tous ceux qui tiennent une plume et se mêlent d'écrire
sur la politique. La nature du conflit est d'ailleurs fort
singulière. C'est l'administration qui affirme que la presse
est entièrement maîtresse de discuter tous les actes du
pouvoir, tandis que les hommes de la presse soutiennent,
au contraire, qu'ils ne se sentent nullement libres de discuter les actes d'un pouvoir qui se réserve le droit d'a-
vertir, de suspendre et de supprimer les feuilles dans
lesquelles ils écrivent. Il n'y aura pour eux de liberté
sérieuse, observent respectueusement les écrivains, que
le jour où ils seront justiciables des tribunaux et non plus
du pouvoir. A quoi l'administration répond que cela est

impossible. Les écrivains se permettant d'insister ; l'administration, pour leur prouver qu'ils sont libres, leur défend de continuer le débat. Évidemment les écrivains et l'administration ne sont pas près de s'entendre.

Est-ce à dire que tout soit fini et que les questions soulevées par l'execution du décret du 17 février 1852 soient à tout jamais insolubles ? Nullement, grâces à Dieu ! Pour les résoudre, faudrait-il donc avoir recours à quelques moyens extraordinaires ou violents ? En aucune façon ! Il y a, le ciel en soit loué ! des ressources dans la Constitution elle-même.

En politique , deux dispositions sont également fâcheuses à mon sens : se fatiguer trop vite et s'emporter trop loin. Il faut également se garder du découragement et de l'impatience ; il faut surtout demeurer de sang-froid, se rendre compte de ce qui est possible, marquer le but à atteindre et y marcher avec autant de calme que de résolution, par les *voies légales* qu'autorisent les institutions existantes. Jamais, à ma connaissance, on ne s'est trouvé bien d'avoir agi autrement , et les procédés contraires n'ont jamais réussi à ceux qui les ont employés. Il y a plus, c'est un mauvais calcul d'opposition que d'exagérer les différences et d'outrer les griefs qui séparent des gouvernements établis. A regarder dans le passé, je crois par exemple que, sous la Restauration et sous le gouvernement de 1830, les personnes attachées à la forme républicaine, en gardant toutes leurs convictions, sans atteinte pour leur honneur, auraient mieux fait de n'aller pas se réfugier dans les sociétés secrètes et se jeter dans les conspirations et les coups de main. Ils pouvaient, nous le croyons, s'appliquer consciencieusement à développer, dans l'organisation parlementaire qui subsistait alors, les portions qui donnaient une satisfaction restreinte, il est vrai, à leurs sentiments particuliers. De cette manière, ils se seraient trouvés mieux préparés le jour où l'idée qui leur était chère a si brusquement triomphé. J'en dirai autant des parlementaires pendant la durée du régime républicain de 1848 : pour eux, la vraie conduite n'était-elle pas de tirer simplement le meilleur parti des nouvelles institutions, en s'efforçant de les ramener, le plus possible, au type qui leur paraissait le plus parfait ? Si je ne me trompe, républicains et parlementaires sont aujourd'hui remis à pareille épreuve. Qu'ils gardent leurs préférences de goût et de raison pour les formes auxquelles ils sont attachés, c'est leur droit et leur honneur. Mais ne peuvent-ils pas aussi, sans rien sacrifier de leur dignité personnelle, jeter au moins un coup d'œil sur les institutions, quelles qu'elles soient, qui sont aujourd'hui en vigueur, et n'est-ce pas même leur devoir de les étudier sérieusement, afin de s'assurer s'ils ne pourraient pas en tirer parti par quelque endroit, pour le profit de leurs doctrines politiques ?

J'esquisse là un plan de conduite qui n'a rien de bien séduisant, j'en conviens, qui ne parle pas aux esprits pressés, aux imaginations vives, aux passions emportées. Peut-être voudra-t-on bien m'accorder qu'il est simple,

praticable, et qu'il n'a, tout au moins, rien de répréhen-
sible. Le gouvernement ne prétendra point que je veuille
prêcher le mépris de la Constitution, car, loin de demander qu'on respecte moins la Constitution, j'insiste pour
qu'on la pratique un peu plus. Le parti libéral ne se
plaindra pas, j'espère, que je lui conseille de se rendre
à discrétion pieds et poings liés, car je l'engage au contraire à persévérer courageusement dans ses convictions,
en s'emparant des armes régulières qui sont encore lais-
sées dans ses mains. Si ce système rencontrait faveur,
peut-être ceux qui se mettraient à l'essayer trouveraient-
ils, à la longue, que la Constitution actuelle, dont ils sont
maîtres de penser dans leur for intérieur tout ce qui leur
fait plaisir, met cependant à leur disposition des ressources qu'ils auraient tort de négliger. Ils s'apercevraient,
par exemple, assez vite qu'aux termes de la Constitution,
les difficultés qui s'élèvent aujourd'hui entre les écrivains
et l'administration au sujet de la liberté de la presse ne
sont pas du tout inextricables et qu'il y a plusieurs
moyens de les trancher.

Je n'ai point atténué, il me semble, l'antagonisme qui
existe entre les deux doctrines qui sont en présence. A
vrai dire, je doute qu'elles soient aisément conciliables.
Prenons garde, toutefois; ne grossissons rien. Les notes
du *Moniteur* et les circulaires que j'ai citées sont les opinions des ministres. Tant que les ministres restent au
pouvoir, on doit présumer que le chef de l'Etat, envers
lequel ils sont responsables, pense comme eux. Mais le
chef de l'Etat peut changer d'opinion, et ce serait lui
faire injure que de supposer qu'il met son orgueil à ne

modifier jamais son œuvre première ; les ministres peuvent être changés, et ce serait méconnaître la nature des choses que de présumer que l'Empereur ne trouverait pas de nouveaux ministres pour de nouvelles volontés.

« Une constitution est l'œuvre du temps, » a répété Napoléon III, après son oncle, « et l'on ne saurait laisser une voie trop large aux améliorations... La présente Constitution n'a pas enfermé dans un cercle infranchissable les destinées d'un grand peuple. » Voilà des paroles prononcées à bon escient par le chef de l'Etat dans le préambule de la Constitution, et qui sont assez rassurantes. Elles ne sont pas d'ailleurs les seules propres à nous édifier. Il ne pouvait échapper à l'auteur de la Constitution de 1852 qu'il fallait prévoir le cas où le souverain n'aurait pas toujours l'intuition assez nette et prompte des vœux de la nation. Il s'explique sur cette question délicate avec une grande franchise.

«... Dans ce pays de centralisation, lisons-nous toujours dans le préambule de la Constitution, l'opinion publique a sans cesse tout rapporté au chef de l'Etat, le bien comme le mal. Aussi, écrire en tête d'une charte que ce chef est irresponsable, c'est mentir au sentiment public : c'est vouloir établir une fiction qui s'est trois fois évanouie au bruit des révolutions. La Constitution actuelle proclame, au contraire, que le chef que vous avez élu est responsable devant vous... »

Mais un chef responsable a nécessairement besoin d'être averti du mouvement qui se fait dans les esprits, des difficultés qui surgissent ou des fautes que ses agents peuvent commettre. Dans la pensée de l'Empereur, c'est le Sénat qui est chargé de cette mission : « Le Sénat intervient, soit pour résoudre toute difficulté grave qui pourrait s'élever pendant l'absence du Corps législatif, soit pour expliquer le texte de la Constitution, et assurer ce qui est nécessaire à sa marche. Il a le droit d'annuler tout acte arbitraire et illégal, et, jouissant ainsi de cette considération qui s'attache à un corps exclusivement occupé de l'examen de grands intérêts ou de l'application de grands principes, il remplit dans l'Etat le rôle indépendant, salutaire, conservateur des anciens parlements... »

Comme ces déclarations ne sont pas, dans l'intention de l'Empereur, de vaines paroles, qui doivent rester sans effet, elles sont résumées en quelques articles nets et précis dans le texte de la Constitution :

« Article 25. Le Sénat est le gardien du pacte fondamental et des libertés publiques...

« *Article* 26. Le Sénat s'oppose à la promulgation : 1° des lois qui seraient contraires ou qui porteraient atteinte à la Constitution, à la religion, à la morale, à la liberté des cultes, à la liberté individuelle, à l'égalité des citoyens devant la loi, à l'inviolabilité de la propriété et au principe de l'inamovibilité de la magistrature ; 2° de celles qui pourraient compromettre la défense du territoire.

» *Article* 29. Le Sénat maintient ou annule tous les actes qui lui sont déférés comme inconstitutionnels par le gouvernement, ou dénoncés pour la même cause par les pétitions des citoyens.

» *Article* 45. Le droit de pétition s'exerce auprès du Sénat. Aucune pétition ne peut être adressée au Corps Législatif (1). »

(1) Décret impérial portant règlement des rapports du Sénat et du Corps législatif avec l'Empereur et le Conseil d'État, et établissant les conditions organiques de leurs travaux.

Art. 22. Si l'inconstitutionnalité est dénoncée par une pétition, il est procédé de la même manière.

Toutefois, et préalablement, la pétition est lue en séance générale. La question préalable peut alors être proposée, et si elle est admise, le président prononce qu'il n'y a pas lieu à plus ample informé.

Si la question préalable n'est pas admise, le président du Sénat en avise le ministre d'État, la pétition est renvoyée dans les bureaux, et il est procédé comme à l'article précédent.

Art. 30. Les pétitions adressées au Sénat, conformément à l'art. 45 de la Constitution, sont examinées par des commissions nommées chaque mois dans les bureaux.

Le feuilleton des pétitions est toujours communiqué à l'avance au ministère d'État.

Il est fait rapport des pétitions en séance générale, et le vote porte

Voilà la voie légale qui nous est ouverte, c'est la voie de pétition ; voilà le droit qui nous est accordé, c'est le droit de nous adresser au Sénat (1). Malheureusement, les antécédents, toujours si précieux en politique, manquent ici absolument. Il n'y a pas de traditions qui se soient transmises sur ce sujet, du premier au second empire. La Constitution actuelle est en partie modelée sur celle qui a subsisté jusqu'en 1814 ; celle-ci avait elle-même beaucoup emprunté à la Constitution de l'an VIII. Par malheur, toutes ces Constitutions ont toujours été moins connues que respectées par ceux à qui elles ont été octroyées, et plus connues encore dans leur temps qu'elles n'ont été pratiquées.

Les personnes qui ont vécu sous le premier empire se souviennent cependant qu'il y avait en permanence dans le Sénat deux commissions spéciales : l'une pour la liberté individuelle, l'autre pour la liberté de la presse ; ces commissions n'ont jamais beaucoup fait parler d'elles. Il est même douteux qu'elles se soient jamais occupées d'aucune question relative soit à la liberté individuelle, soit à la liberté de la presse. Est-ce parce qu'elles n'ont été saisies d'aucune plainte ? c'est possible. A cette époque, comme aujourd'hui, peut-être, n'avait-on pas

---

sur l'ordre du jour pur et simple, le dépôt au bureau des renseignements ou le renvoi au ministre compétent.

Si le renvoi au ministre compétent est prononcé, la pétition et un extrait de la délibération sont, par les ordres du président du Sénat, transmis au ministère d'État.

(1) Voir la *Revue européenne*, dans la chronique du 1er octobre.

pris assez au sérieux le droit de pétition. Il ne faudrait pas en conclure, toutefois, qu'aux yeux des sénateurs il n'y ait eu alors aucune atteinte portée aux principes qu'ils s'étaient solennellement chargés de défendre. Le 3 avril 1814, le Sénat conservateur, sortant tout à coup de sa longue inaction pour prononcer la déchéance de l'Empereur, ne manqua pas de placer précisément parmi les nombreux griefs qui déliaient le peuple français de son serment de fidélité envers Napoléon Ier et sa famille, la violation de cette même liberté de la presse dont il s'était jusqu'alors si peu occupé : « Considérant que la liberté de la presse, établie et consacrée comme un des droits de la nation, a été constamment soumise à la censure arbitraire de sa police, et qu'en même temps il s'est toujours servi de la presse pour remplir la France et l'Europe de faits controuvés, de maximes fausses, de doctrines favorables au despotisme et d'outrages contre les gouvernements étrangers..... Le Sénat déclare et décrète, etc., etc. (1). »

Certes, voilà de fâcheux souvenirs et de grandes leçons ! Quand on songe que ce brusque réveil, que l'explosion de cette terrible colère avaient été précédés, de la part du Sénat, par tant de soumission et par tant de complaisance infatigable ; quand on songe que le public, quoique choqué de la grossière ingratitude déployée envers l'Empereur par ces hauts fonctionnaires qui lui devaient, la plupart, tout ce qu'ils avaient de considération, de dignités et de fortune, ratifiait cependant leur

(1) Voir les délibérations du Sénat à cette époque.

verdict, on ne peut s'empêcher de penser que la compression extrême et le silence absolu ne sont pas des panacées universelles propres à remédier à tous les embarras. Entre le régime sous lequel nous vivons, et celui du premier empire, il n'y a pas, j'ai hâte de le dire, de similitude à établir. Les temps ont marché. Les mœurs sont infiniment plus douces; les personnes plus préoccupées de la morale et de leur dignité. L'Empereur ne demandera jamais aux sénateurs d'aujourd'hui ce que son oncle obtenait sans grande peine des sénateurs d'autrefois, et s'il le leur demandait, je doute beaucoup qu'ils le lui accordassent. Nous avons aussi nos réclamations à produire : plus avancés en civilisation, plus instruits en politique, habitués à la liberté par trente ans de vie parlementaire, nous avons le droit d'être plus exigeants que les générations qui nous ont précédés. Pour donner toute sa force à notre droit, je crois que nous avons intérêt à le produire avec un grand sang-froid, avec beaucoup de modération, suivant toutes les *formes légales*, en prenant grand soin d'être en tous points impeccables.

A ces conditions, le succès se fera peut-être encore attendre; mais il n'en sera que plus sûr. Voyez, en effet, tout ce qui se passe autour de nous. Les causes libérales ne sont-elles pas solidaires les unes des autres? ne les voit-on pas presque toujours succomber ou triompher ensemble? Grâces à Dieu! elles triomphent en ce moment, et elles triomphent grâce à notre appui et à nos armes. Nous avons défendu, il y a trois ans, l'indépendance des Roumains dans le congrès de Paris; nous avons combattu, il y a trois mois, pour l'indépendance des Italiens sur les champs de bataille de la Lombardie. Ces nations, il est vrai, ne nous ont pas laissé tout à faire. Aidons-nous comme elles se sont aidées elles-mêmes. Pourquoi l'Italie a-t-elle échoué en 1848? pourquoi a-t-elle réussi en 1859? En 1848, elle était divisée de province à province, de ville à ville, de parti à parti. En 1859, les Italiens ont tous été unis, et ils se sont trouvés forts parce qu'ils étaient unis. En 1848, les chefs des factions violentes avaient pris la tête du mouvement, les modérés étant demeurés tranquilles chez eux, et le mouvement a échoué. En 1859, les hommes des partis modérés se sont portés en avant; ils n'ont pas hésité à payer de leurs personnes; les plus ardents se sont volontairement rangés sous leur drapeau. Ni les uns ni les autres ne s'en sont mal trouvés. Comprenons et profitons.

Qu'on ne dise pas que tous les efforts sont inutiles et que la discussion n'est bonne à rien, qu'elle ne modifie personne, et surtout point les maîtres du monde. Cela n'est pas vrai; les maîtres du monde vivent après tout dans le monde qu'ils gouvernent, et ils ne se cantonnent pas à demeure dans les régions imaginaires. Ils arrivent, comme les plus simples des mortels, à se rendre compte de la difficulté qu'on rencontre à régler toute chose selon la première impulsion du premier moment, et quand ils se modifient, soyez sûrs que c'est toujours pour s'améliorer. La lettre de l'Empereur des Français au roi du Piémont témoigne du chemin qu'une volonté ferme a pu faire en peu de temps au contact des faits. Nous avions eu l'audace, qui a paru grande, d'indiquer, dans le traité

de Villafranca, certaines clauses comme d'une exécution
fâcheuse ou impossible. Donner la Lombardie à la Sar-
daigne, sans les forteresses du Mincio et de l'Adige, nous
avait paru une combinaison assez malencontreuse, sem-
blable à celle d'une personne qui donnerait une maison à
son ami, en laissant les clefs aux mains d'un dangereux
voisin. L'Empereur est maintenant disposé à redemander
à l'Autriche les clefs de Peschiera et de Mantoue. Je m'é-
tais permis d'exprimer des doutes sur la convenance
d'une confédération de l'autre côté des Alpes, où la Sar-
daigne serait toujours en minorité, et l'Autriche toujours
en majorité, à cause de ses alliances de famille et de ses
liens politiques avec les petits princes italiens. L'Empereur, après réflexion, a trouvé le remède, qui consiste à
donner à tous ces petits Etats le régime représentatif.
Quel immense progrès! En 1852, l'Empereur jugeait très-
sévèrement l'institution de la responsabilité ministérielle.
En 1855, il insiste pour faire insérer la responsabilité
ministérielle parmi les garanties à inscrire dans la constitution moldo-valaque. En 1852, il parlait en termes
assez méprisants du régime parlementaire. En 1859, il
veut en doter les Italiens. Que dis-je, ce n'est pas seulement le régime parlementaire qu'il réclame pour eux,
c'est bien plus encore : il tient essentiellement à ce que
les représentants qui doivent représenter les petits Etats
dans la Confédération soient nommés, par qui? par les
ministres responsables des princes? Point du tout! par
les Assemblées législatives elles-mêmes !

Vous n'y êtes pas, me dira-t-on ; l'Empereur a fait

tout cela pour les Moldo-Valaques, pour les Italiens; mais voudra-t-il le faire aussi pour nous? Oui, il le voudra quand la France voudra qu'il le veuille.

Et qu'on n'aille point s'imaginer qu'en réclamant pour les écrivains le droit de relever exclusivement des tribunaux, nous ayons pour but de leur procurer plus de facilité pour censurer, avec moins de risques, les actes du gouvernement. Ce serait là un point de vue misérable. Critiquer pour le plaisir de critiquer est, en politique, une occupation vaine et puérile ; critiquer par esprit de parti, par rancune d'anciens adversaires, par animosité contre ceux qui détiennent le pouvoir, est une entreprise honteuse et coupable. Combien différente est la disposition des personnes qui, les ayant elles-mêmes maniées, savent combien est difficile et compliqué le règlement des affaires de ce monde ! Non, ce n'est point (le gouvernement aurait tort de le penser) avec un parti pris de dénigrement que bien des gens qu'il répute ses adversaires ont jugé quelques-uns de ses actes. Une portion de sa politique extérieure a, dans ses effets du moins, causé une vive satisfaction à des esprits qu'il ne se proposait pas de contenter, et qui ne lui en savent pas moins gré de la revanche prise en Crimée contre la Russie, et en Italie contre l'Autriche. Avec nos opinions, comment ne nous serions-nous pas réjouis de la sévère leçon reçue par les cabinets de Saint-Pétersbourg et de Vienne, ces grands contempteurs des idées libérales? Nous nous sommes félicités de l'appui prêté presque partout par nos diplomates aux institutions représentatives, quoique nous

ne nous soyons pas rendu compte pourquoi, si excellentes
pour les autres, elles étaient en même temps si domma-
geables pour nous. Ce qui nous effrayé surtout dans la
politique des souverains, c'est la soudaineté et l'inattendu
des résolutions.

Quel état pour l'Europe ! Aujourd'hui en paix, demain
en guerre. Les alliés de la veille, devenus les ennemis du
lendemain. Les surprises, partout à l'ordre du jour, cha-
cun sur le qui vive, et ne sachant dans quelle aventure
il se trouvera engagé à son réveil. Il n'y a de remède,
quel que soit le pays, que dans une discussion sérieuse
des actes du gouvernement et des affaires qui intéressent
l'État. Or, cette discussion, pour revenir à la France, ne
sera pas, selon moi, possible tant que l'administration
gardera la police sur la presse.

Mais plus je suis persuadé de la justice de notre cause,
plus je tiens à ce qu'elle soit gagnée, plus je serais désolé
qu'elle fût compromise par quelques erreurs de détail.
Il a été porté si peu de pétitions devant le Sénat, que la
manière d'exercer ce droit est aussi douteuse que le droit
lui-même est positif et formel. C'est pourquoi il y a lieu
de réclamer l'avis des hommes expérimentés qui ont fait
de nos lois et de nos institutions l'objet spécial de leurs

études, et de leur soumettre quelques questions pratiques :

« 1° Tout Français jouissant de ses droits politiques n'a-t-il pas, aux termes de la Constitution, le droit de demander au Sénat, par voie de pétition, les changements qu'il juge utiles aux lois existantes ?

» 2° En s'adressant par pétition au Sénat, aux termes de la Constitution, sans manquer pour cela de respect à la loi, tout Français jouissant de ses droits politiques n'a-t-il pas le droit d'expliquer comment les dispositions légales dont il provoque le changement sont, à ses yeux, fâcheuses, ou même contraires aux principes de 1789 ?

» 3° L'article 32 du décret du 17 février 1852 n'est-il pas, dans quelques-unes de ses dispositions, contraire aux principes de 1789, notamment au principe de l'inviolabilité de la propriété ?

» 4° Le droit de pétition étant, sous l'empire du dogme de la souveraineté populaire, et sous le régime du suffrage universel, une des garanties les plus essentielles de la mise à exécution des volontés nationales, une grande latitude ne doit-elle pas être laissée, dans les limites de l'ordre et de la tranquillité publique, à l'exercice régulier d'un droit si important ?

» 5° Est-il interdit, par aucune disposition des lois existantes, de reproduire par voie de brochure, sauf à en répondre devant les tribunaux, un article qui aurait été, dans un journal ou dans une revue, l'objet d'un *avertissement?* »

Ces questions ne sont point directement soumises à la décision de MM. les bâtonniers de l'Ordre des avocats, parce qu'ils n'ont point, en leur qualité de bâtonniers, d'opinion à émettre sur les points de droit; mais, chefs élus d'un corps si considérable dans l'État, ils voudront peut-être bien les recommander à l'attention de leurs confrères. Est-il besoin d'ajouter que si, dans un but qu'il est maintenant facile d'apprécier, plusieurs personnes tiennent à être ainsi positivement édifiées sur ces questions, c'est que ces mêmes personnes, qui seraient désolées de violer *la moindre des lois*, qui font profession de les vouloir respecter *toutes et toujours*, sont non moins décidées, leur droit une fois dûment établi et *reconnu*, dans toute sa netteté et dans toute sa précision, d'en user, quand il faudra, dans l'intérêt du pays.

Comte D'HAUSSONVILLE.

Paris. — Imprimerie de DUBUISSON et C°, rue Coq-Héron, 5. — (87)